Impressum
Verlag: BABADADA GmbH, Nedderfeld 112 , 22529 Hamburg
Geschäftsführer / Verlagsleitung: Harald Hof
Druck: Books on Demand GmbH, In de Tarpen 42, 22848 Norderstedt

Imprint
Publisher: BABADADA GmbH, Nedderfeld 112 , 22529 Hamburg, Germany
Managing Director / Publishing direction: Harald Hof
Print: Books on Demand GmbH, In de Tarpen 42, 22848 Norderstedt

училище
escola

класна стая
classe

деление
dividir

186/2

черна дъска
tauler

училищен двор
pati (de l'escola)

учител
professor

хартия
paper

пиша
escriure

химикал
estilogràfica

бюро
escriptori

линеал
regle

книга
llibre

ученик
estudiant

ученическа раница

bossa

ученически несесер

estoig

молив

llapis

острилка за моливи

maquineta de fer punta

гума

goma

блок за рисуване

bloc de dibuix

рисунка
dibuix

четка
pinzell

акварелни бои
capsa de pintures

ножица
tisores

лепило
cola

тетрадка за упражнения
quadern d'exercicis

домашна работа
deures

число
nombre

събиране
afegir

изваждане
sostreure

умножение
multiplicar

смятане
calcular

буква
lletra

азбука
alfabet

дума
mot

текст

text

чета

llegir

тебешир

guix

час

lliçó

дневник на класа

llibre de classe

изпит

examen

свидетелство

certificat

ученическа униформа

uniforme escolar

образование

formació

справочник

enciclopèdia

университет

universitat

микроскоп

microscopi

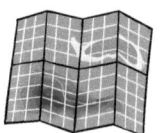

карта

mapa

кошче за хартиени отпадъци

paperera

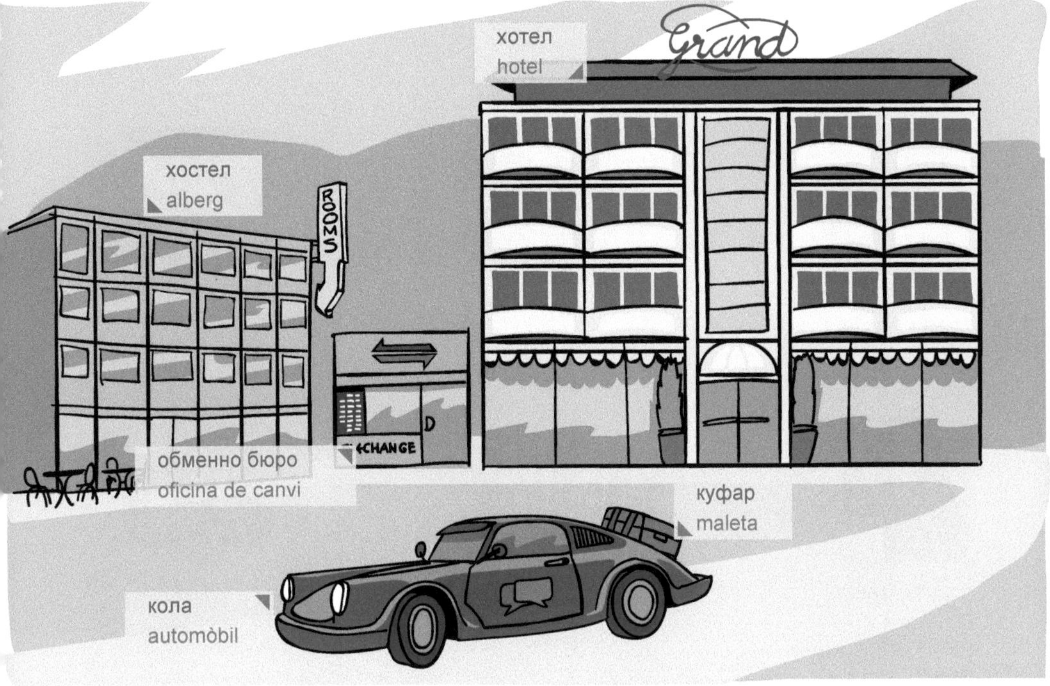

хотел
hotel
Grand
хостел
alberg
ROOMS
EXCHANGE
обменно бюро
oficina de canvi
куфар
maleta
кола
automòbil

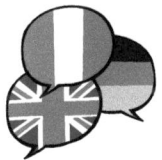

език

llengua

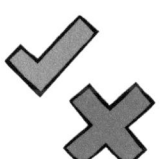

да / не

sí / no

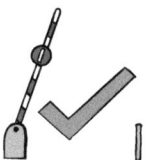

Окей

D'acord

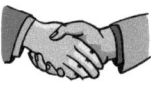

здравей

Ey!

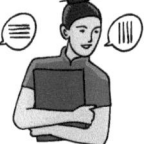

преводач

traductora

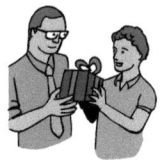

Благодаря

gràcies

Колко струва…?

Quant costa… ?

Не разбирам

No entenc

проблем

problema

Добър вечер!

Bona nit!

Добро утро!

bon dia!

Лека нощ!

bona nit!

довиждане

fins aviat

посока

direcció

багаж

bagatge

пътна чанта

bossa

раница

sarrona

посетител

convidat

стая

cambra

спален чувал

sac de dormir

палатка

tenda

туристическа информация

oficina de turisme

плаж

platja

кредитна карта

carta de crèdit

закуска

esmorzar

обед

dinar

вечеря

sopar

билет

bitllet

асансьор

ascensor

пощенска марка

segell

граница

frontera

митница

duana

посолство

ambaixada

виза

visat

паспорт

passaport

транспорт

transport

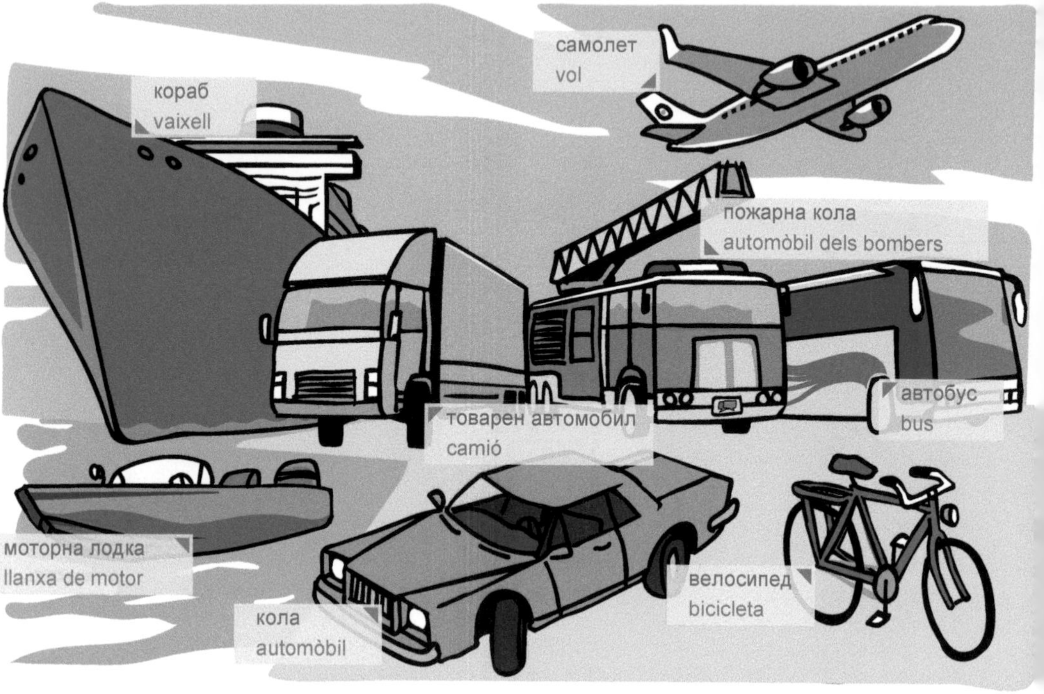
самолет
vol
кораб
vaixell
пожарна кола
automòbil dels bombers
автобус
bus
товарен автомобил
camió
моторна лодка
llanxa de motor
велосипед
bicicleta
кола
automòbil

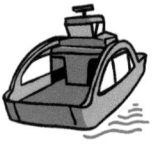

ферибот

transbordador

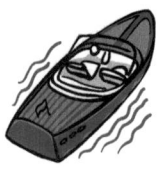

лодка

barca

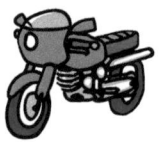

мотоциклет

moto

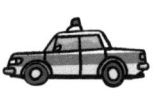

полицейска кола

automòbil de policia

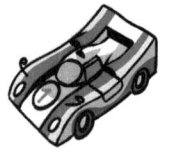

състезателна кола

automòbil de curses

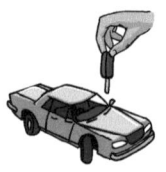

кола под наем

automòbil de lloguer

каршеринг

vehicle compartit

автомобил от "Пътна помощ"

grua

сметовоз

camió de les escombraries

двигател

motor

бензин

benzina

бензиностанция

benzineria

пътен знак

senyal de trànsit

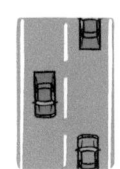

улично движение

trànsit

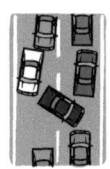

задръстване

embús

паркинг

aparcament

гара

estació de trens

релси

vies

влак

tren

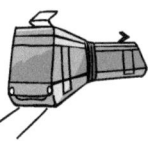

трамвай

tramvia

вагон

vagó

хеликоптер

helicòpter

аерогара

aeroport

кула

torre

пасажер

passatger

контейнер

contenidor

кашон

capsa de cartó

ръчна количка

carretó

кошница

cistella

излитам / приземявам се

enlairar-se / aterrar

град

ciutat

село

poble

градски център

centre de la ciutat

къща

casa

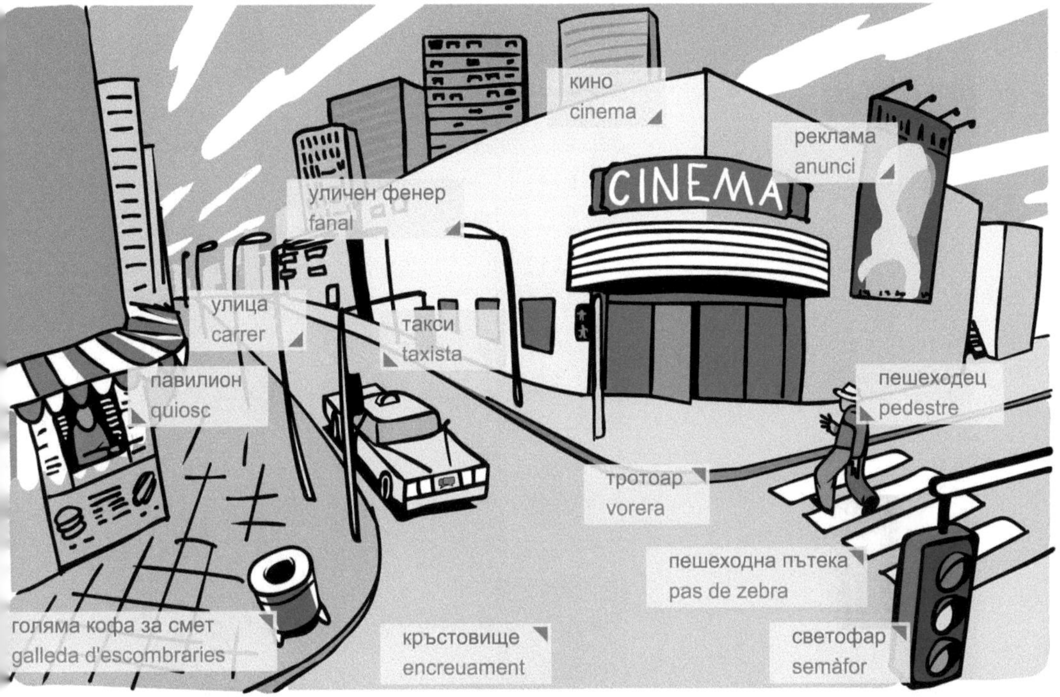

кино
cinema
CINEMA
реклама
anunci
уличен фенер
fanal
улица
carrer
такси
taxista
павилион
quiosc
пешеходец
pedestre
тротоар
vorera
пешеходна пътека
pas de zebra
голяма кофа за смет
galleda d'escombraries
кръстовище
encreuament
светофар
semàfor

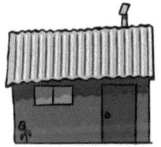

хижа

cabana

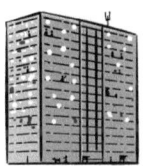

жилище

apartament

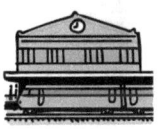

гара

estació de trens

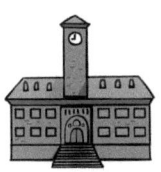

кметство

casa de la vila-ciutat

MUSEUM

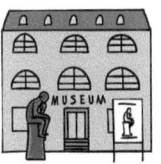

музей

museu

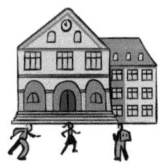

училище

escola

университет

universitat

банка

banca

болница

hospital

хотел

hotel

аптека

farmàcia

офис

oficina

книжарница

llibreria

магазин за цветя

botiga

магазин за цветя

floristeria

супермаркет

supermercat

пазар

mercat

универсален магазин

gran magatzem

търговец на риба

peixateria

търговски център

centre comercial

пристанище

port

парк

parc

пейка

banc

мост

pont

стълба

escala

метро

metro

тунел

túnel

автобусна спирка

parada d'autobús

бар

bar

ресторант

restaurant

пощенска кутия

bústia de correu

улична табелка

senyal indicador

часовник за паркинг престой

parquímetre

зоологическа градина

zoo

плувен басейн

piscina

джамия

mesquita

селски двор

granja

замърсяване на околната среда

pol·lució

гробище

cementiri

църква

església

детска площадка

parc infantil

храм

temple

пейзаж
paisatge

листо
fulla

пътепоказател
cartell indicador

път
camí

ливада
prat

камък
pedra

дърво
arbre

пътешественик
excursionista

река
riu

трева
gespa

цвете
flor

долина

vall

планина

muntanya

море

llac

гора

bosc

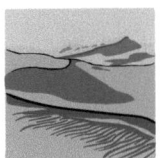

пустиня

desert

вулкан

volcà

замък

castell

дъга

arc de Sant Martí

гъба

bolet

палма

palmera

комар

moscard

муха

mosca

мравка

formiga

пчела

abella

паяк

aranya

бръмбар

escarabat

жаба

granota

катеричка

esquirol

таралеж

eriçó

заек

llebre

кукумявка

òliba

птица

ocell

лебед

cigne

диво прасе

senglar

елен

cervo

лос

ant

бент

presa

вятърна турбина

turbina

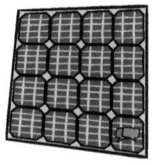

соларен модул

panell solar

климат

clima

ресторант
restaurant

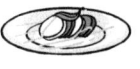

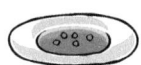

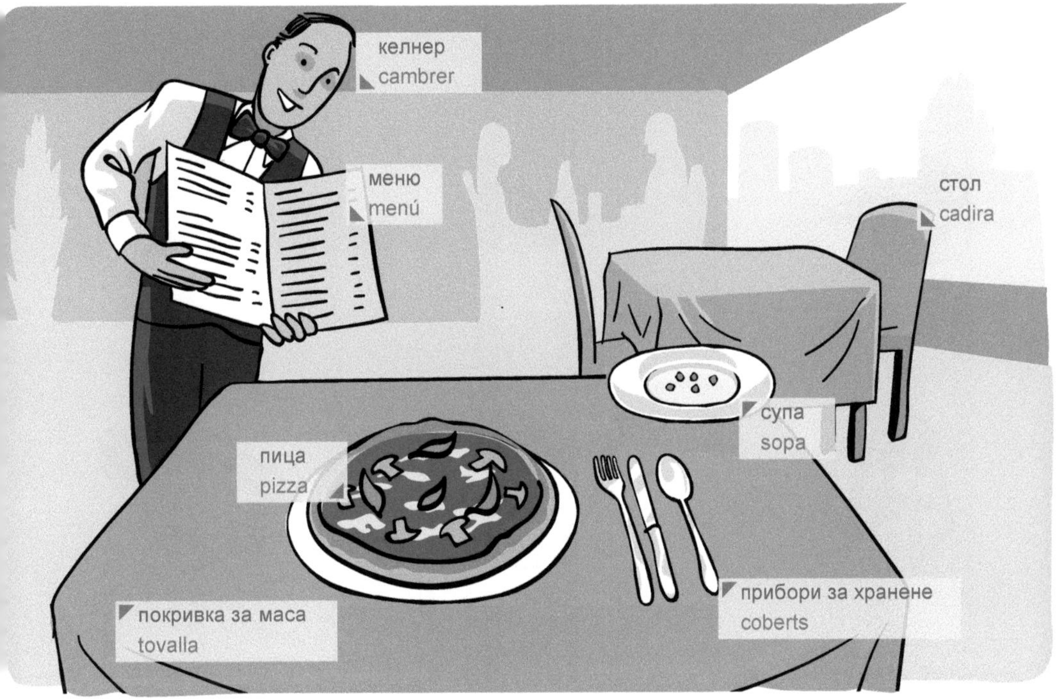
келнер
cambrer
меню
menú
стол
cadira
супа
sopa
пица
pizza
прибори за хранене
coberts
покривка за маса
tovalla

предястие

primer plat

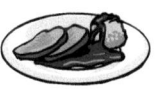

основно ястие

plat principal

десерт

darreries

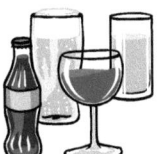

напитки

begudes

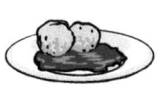

ядене

menjar

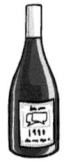

бутилка

ampolla

бързо хранене

menjar ràpid

улична храна

menjar de carrer

кана за чай

tetera

кутия за захар

sucrer

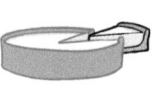

порция

porció

еспресо машина

màquina d'espresso

висок детски стол

trona

сметка

factura

табла

plata

ножица за нокти

ganivet

вилица

forqueta

лъжица

cullera

чаена лъжичка

cullereta

салфетка

tovalló

стъклена чаша

got

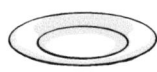

чиния

plat

чиния за супа

plat de sopa

чинийка

plateret

сос

salsa

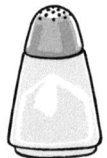

солница

saler

мелничка за черен пипер

molinet de pebre

оцет

vinagre

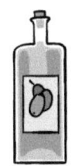

олио

oli

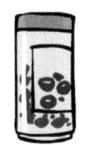

подправки

espècies

кетчуп

quètxup

горчица

mostassa

майонеза

maionesa

супермаркет
supermercat

оферта
oferta especial
FOR
клиент
client
млечни продукти
productes lactis
плодове
fruites
количка за покупки
carret de la compra

BUTCHERS

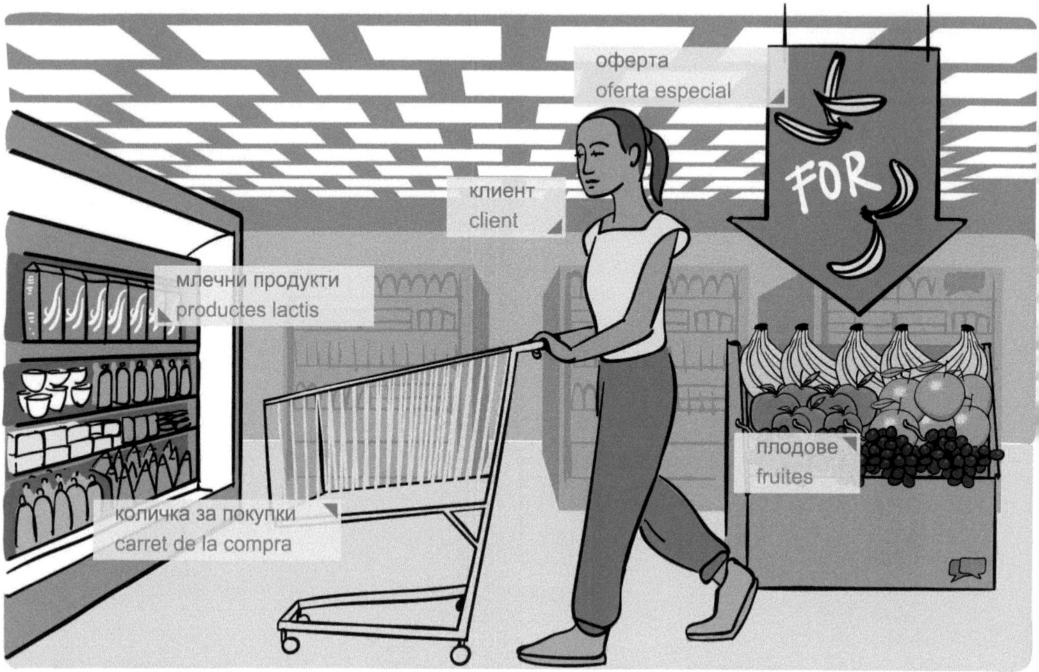

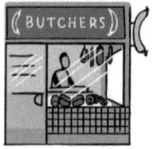

кланица

carnisseria

BAKERY

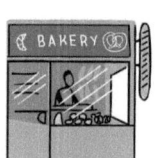

хлебарница

forn de pa

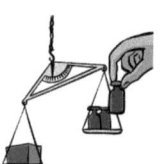

тегля

pesar

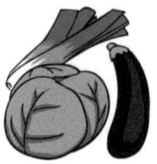

зеленчуци

verdures

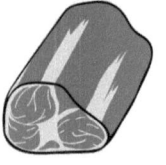

месо

carn

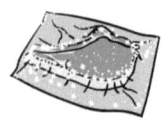

дълбоко замразена храна

menjar congelat

нарязан колбас или сирене
carn freda

лакомства
dolços

продавачка
venedora

списък на покупките
llista de la compra

кредитна карта
carta de crèdit

консерви
conserves

домакински изделия
articles domèstics

каса
caixa registradora

работно време
horari d'obertura

перилен препарат
detergent en pols

почистващи препарати
productes de neteja

касиер
caixera

портфейл
portamonedes

чанта
bossa

пластмасова торба
bossa de plàstic

вода

aigua

сок

suc

мляко

llet

кола

coca-cola

вино

vi

бира

cervesa

алкохол

alcohol

какао

cacau

чай

te

кафе машина

cafè

еспресо

espresso

капучино

cappuccino

банан

banana

ябълка

poma

портокал

taronja

пъпеш

síndria

лимон

llimona

морков

pastanaga

чесън

all

бамбук

bambú

лук

ceba

гъба

bolet

ядки

avellanes

макарони

fideus

спагети

espaguetis

ориз

arròs

салата

amanida

пържени картофи

patates fregides

печени картофи

patates fregides

пица

pizza

хамбургер

hamburguesa

сандвич

entrepà

шницел

escalopa

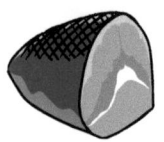

шунка

cuixot

траен колбас

salami

салам

salsitxa

пиле

pollastre

печено

rostit

риба

peix

овесени ядки

flocs de civada

мюсли

musli

корнфлейкс

cereals

брашно

farina

кроасан

croissant

хлебчета

panet

хляб

pa

препечена филийка

torrada

бисквити

bescuits

масло

mantega

извара

mató

сладкиш

pastís

яйце

ou

яйца на очи

ou fregit

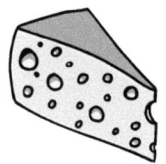

сирене

formatge

сладолед

gelat

захар

sucre

мед

mel

мармалад

melmelada

нуга крем

crema de xocolata

къри

curri

селски двор
granja

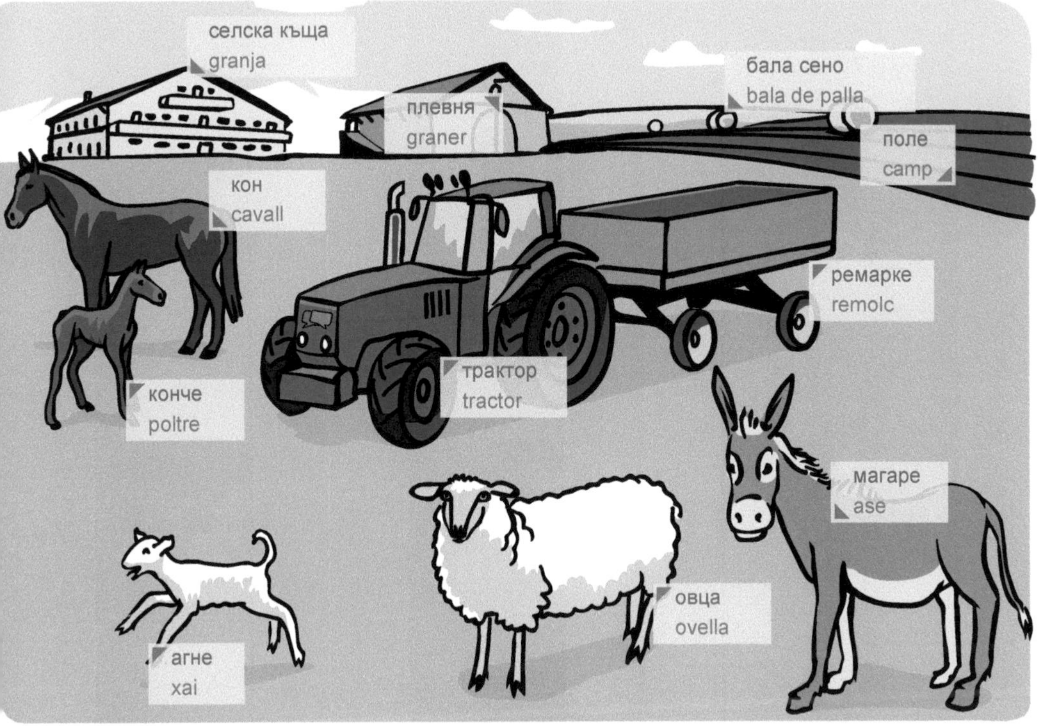
селска къща
granja
плевня
graner
бала сено
bala de palla
поле
camp
кон
cavall
ремарке
remolc
трактор
tractor
конче
poltre
магаре
ase
овца
ovella
агне
xai

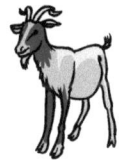

коза

cabra

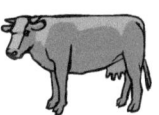

крава

vaca

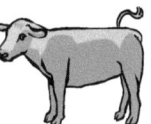

теле

vedella

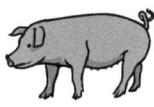

свиня

porc

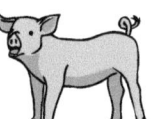

прасенце

garrí

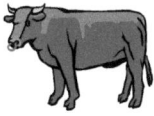

бик

bou

гъска

oca

патица

ànec

пиленце

poll

кокошка

gall

петел

gallina

плъх

rata

котка

gat

мишка

ratolí

вол

bou

куче

gos

кучешка колиба

gossera

градински маркуч

mànega de regar

лейка

regadora

коса

dalla

плуг

arada

сърп

falç

мотика

aixada

вила за тор

forca

брадва

destral

ръчна количка

carretó

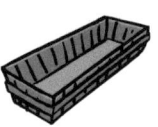

корито

abeurador

съд за мляко

lletera

чувал

sac

ограда

tanca

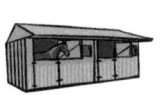

обор

establa

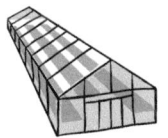

парник

hivernacle

земя

sòl

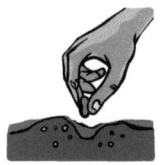

сеитба

llavor

тор

adob

комбайн

collidora

жъна

collir

реколта

collita

ямс

nyam

жито

blat

соя

soja

картоф

patata

царевица

blat de moro o d'indi

рапица

colza

овощно дърво

arbre fruiter

маниока

mandioca

зърнени храни

cereals

къща

casa

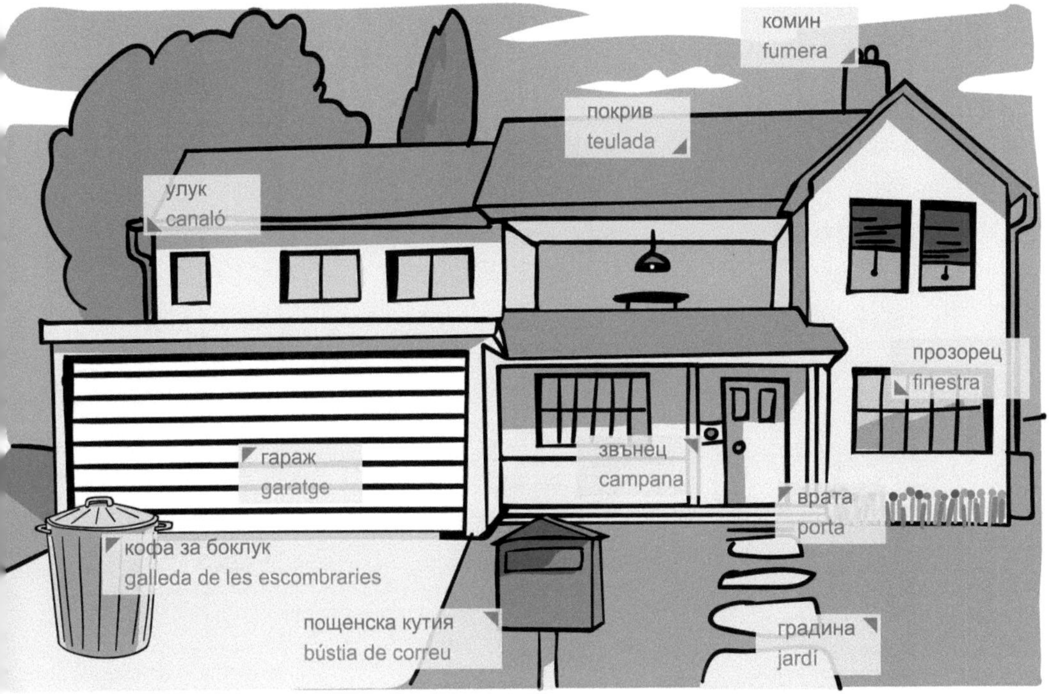

комин
fumera
покрив
teulada
улук
canaló
прозорец
finestra
гараж
garatge
звънец
campana
врата
porta
кофа за боклук
galleda de les escombraries
пощенска кутия
bústia de correu
градина
jardí

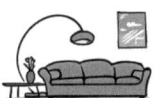

всекидневна

sala d'estar

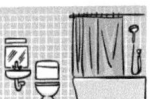

баня

bany

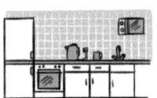

кухня

cuina

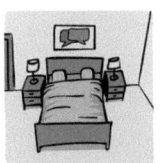

спалня

cambra de dormir

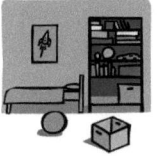

детска стая

cambra de nen

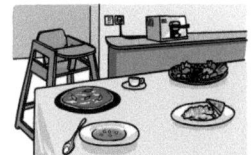

трапезария

menjador

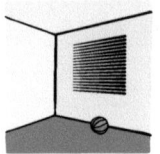

под

sòl

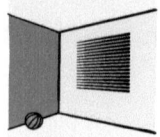

стена

paret

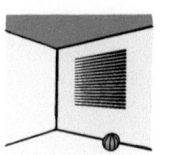

таван

sostre

изба

soterrani

сауна

sauna

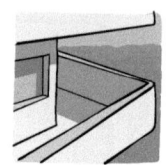

балкон

balcó

тераса

terrassa

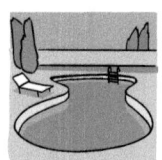

плувен басейн

piscina

косачка

tallagespa

спално бельо

vànova

покривка за легло

cobrellit

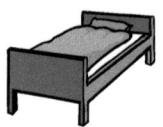

легло

llit

метла

escombra

кофа

galleda

електрически ключ

interruptor

всекидневна
sala d'estar

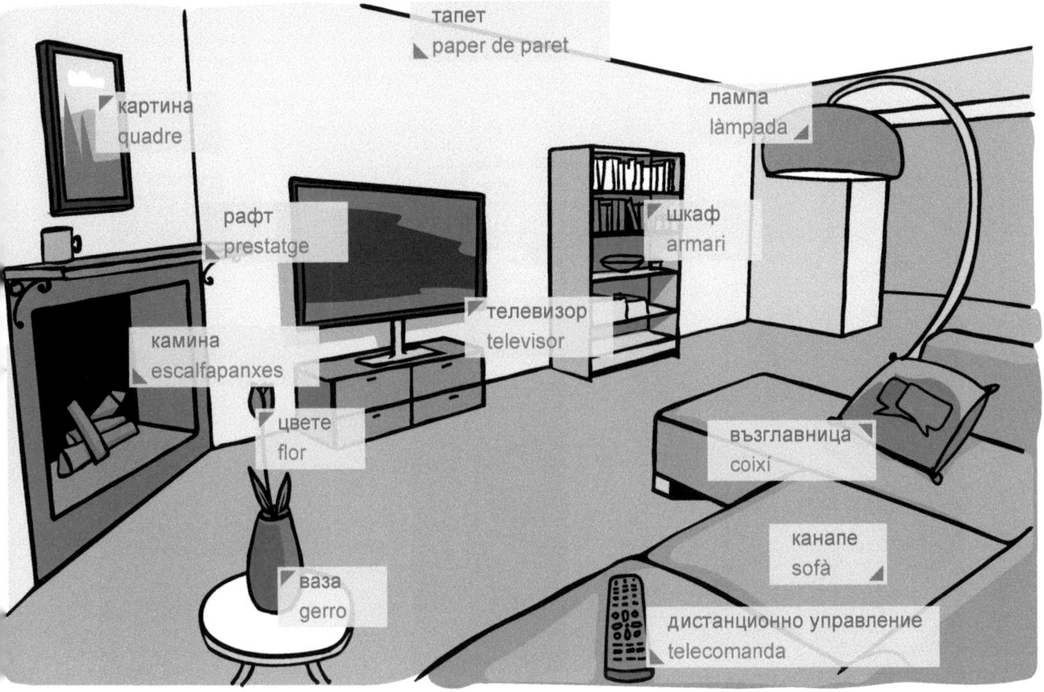
тапет
paper de paret
картина
quadre
лампа
làmpada
рафт
prestatge
шкаф
armari
телевизор
televisor
камина
escalfapanxes
цвете
flor
възглавница
coixí
канапе
sofà
ваза
gerro
дистанционно управление
telecomanda

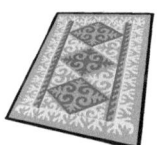

килим

catifa

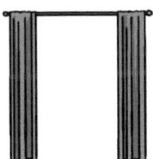

завеса

cortina

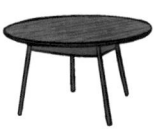

маса

taula

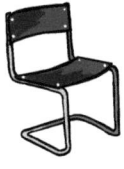

стол

cadira

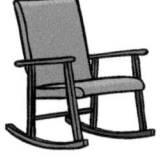

люлеещ се стол

cadira gronxadora

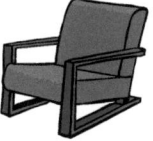

кресло

cadiral

книга

llibre

одеяло

llençol

декорация

decoració

дърва за отопление

llenya

филм

film

стерео уредба

cadena de música

ключ

clau

вестник

diari

живопис

pintura

постер

cartell

радио

ràdio

бележник

bloc de notes

прахосмукачка

aspiradora

кактус

cactus

свещ

candela

кухня
cuina

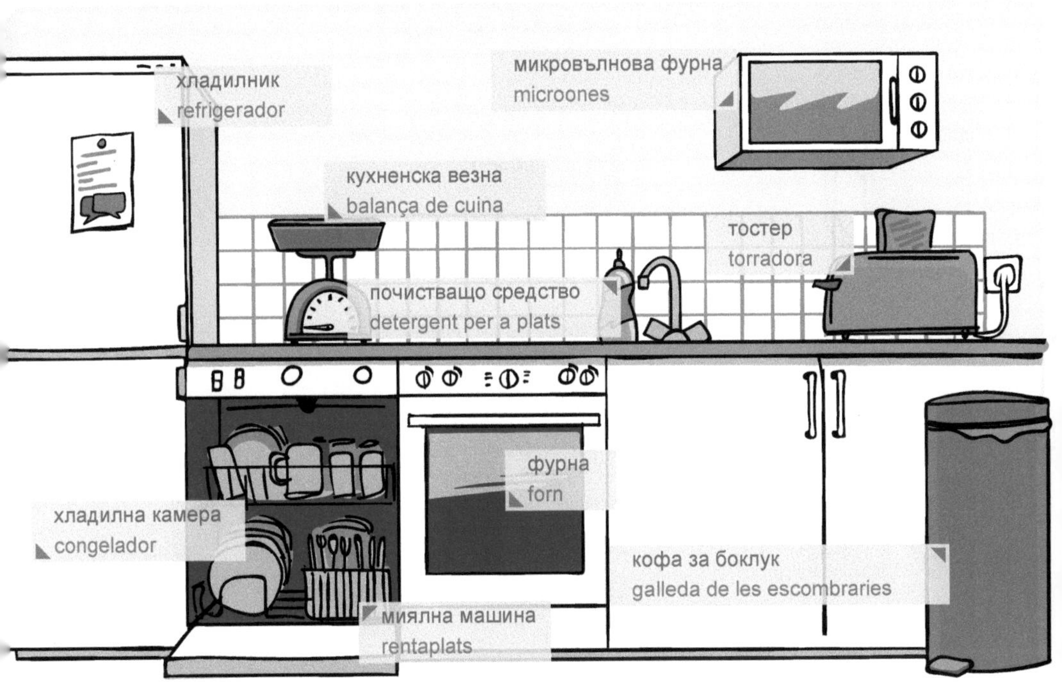
хладилник
refrigerador
микровълнова фурна
microones
кухненска везна
balança de cuina
тостер
torradora
почистващо средство
detergent per a plats
фурна
forn
хладилна камера
congelador
кофа за боклук
galleda de les escombraries
миялна машина
rentaplats

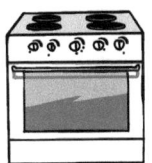

готварска печка

cuina de fogons

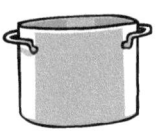

тенджера

olla

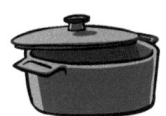

желязна тенджера

olla de ferro colat

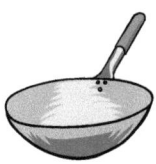

уок / кадаи

wok / karahi

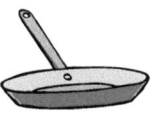

тиган

paella

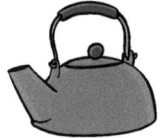

кана за затопляне на вода

bullidor

уред за готвене на пара

olla de vapor

тава за печене

plata de forn

съдове

vaixella

чаша

tassa grossa

купа

bol

клечки за хранене

bastonets xinesos

черпак

culler

лопатка за тиган

espàtula

тел за разбиване (на яйца, белтъци)

batedor

кошница за варене

colador

гевгир

sedàs

ренде

ratllador

хаван

morter

барбекю

barbacoa

огнище

foc a terra

дъска

taula de tallar

точилка

corró

тирбушон

llevataps

кутия

pot de conserva

отварачка за консерви

obridor

кухненска ръкохватка

agafador

мивка

aigüera

четка

raspall

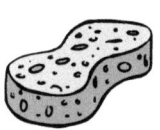

гъба

esponja

миксер

batedora

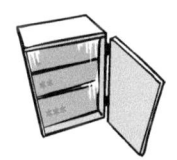

фризер

congelador

бебешко шише

biberó

воден кран

aixeta

баня

bany

отопление
calefacció
душ
dutxa
хавлиена кърпа
tovallola
завеса за баня
cortina de dutxa
шампоан за вана
bany de bombollles
вана
banyera
стъклена чаша
got
перална машина
rentadora
воден кран
aixeta
плочки
rajoles
гърне
orinal
мивка
aigüera

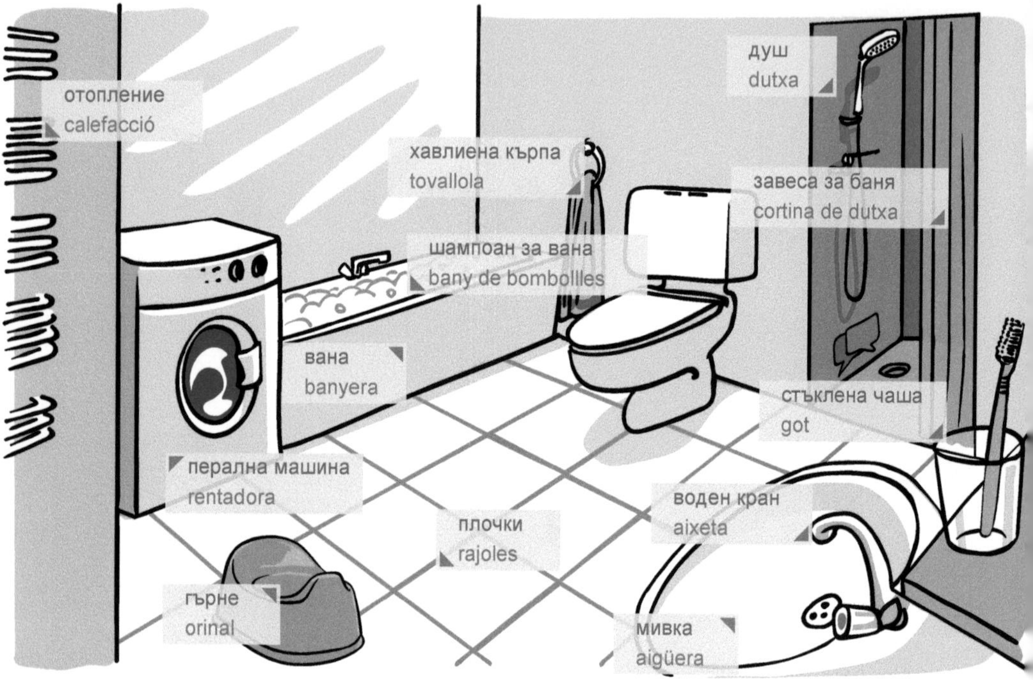

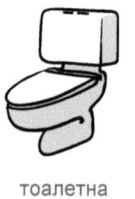

тоалетна

lavabo

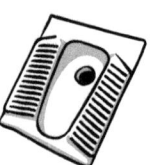

клекало

lavabo turc

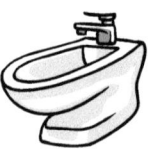

биде

bidet

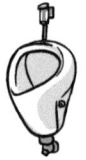

писоар

orinador

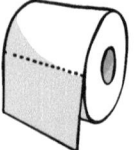

тоалетна хартия

paper higiènic

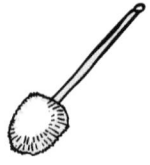

четка за тоалетна

escombreta de sanitari

четка за зъби

raspall de dents

паста за зъби

pasta de dents

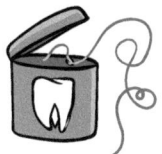

конец за зъби

fil dental

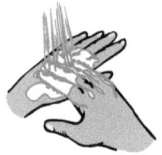

мия

rentar

ръчен душ

pom de dutxa

интимен душ

dutxa íntima

леген

rentamans

четка за гръб

raspall per a l'esquena

сапун

sabó

душ гел

gel de dutxa

шампоан за вана

xampú

гъба за баня

manyopla de bany

сифон

bonera

крем

crema

дезодорант

desodorant

огледало

mirall

козметично огледало

mirall-espill de mà

ръчна самобръсначка

maquineta de rasar

пяна за бръснене

espuma de barbejar

одеколон за след
бръснене
loció post-rasada

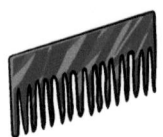

гребен

pinta

четка

raspall

сешоар

eixugador

спрей за коса

laca

грим

maquillatge

червило

pintallavis

лак за нокти

esmalt d'ungles

памук

cotó

ножица за нокти

tallaungles

парфюм

perfum

тоалетна чантичка

estoig de bellesa

табуретка

tamboret

везна

bàscula

хавлия

barnús

домакински ръкавици

guants de goma

тампон

compresa higiènica

дамски превръзки

compresa

химическа тоалетна

sanitari químic

детска стая

cambra de nen

будилник
despertador
плюшена играчка
animal de peluix
автомобил играчка
auto de joguina
дрънкалка
sonall
къща за кукли
casa de nines
подарък
present

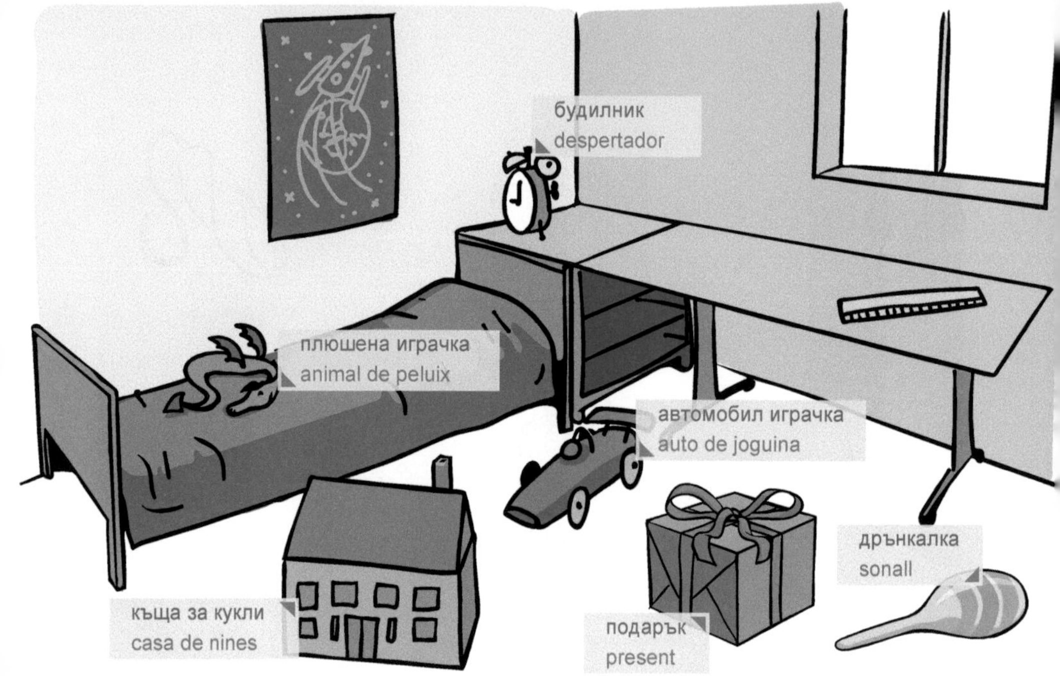

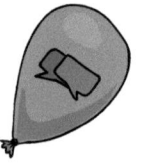

балон

baló

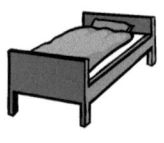

легло

llit

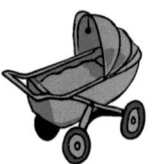

детска количка

cotxet per a nens

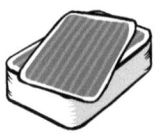

игра на карти

joc de cartes

пъзел

trencaclosca

SUPER
MEGA

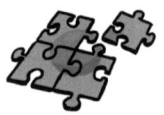

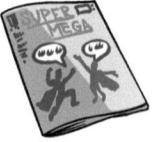

комикс

historieta

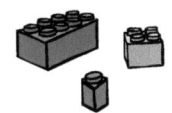

лего елементи

peces de lego

строителни елементи

peces de construcció

екшън фигурка

ninot d'acció

бебешки гащеризон

granota

фрисби

frisbee

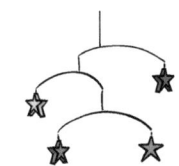

бебешки играчки за легло

mòbil per a bressol

настолна игра

joc de taula

зарче

daus

миниатюрно влакче

tren elèctric

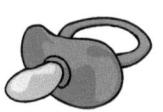

биберон

xumet

парти

festa

детска книга с илюстрации

llibre de dibuixos

топка

pilota

кукла

nina

играя

jugar

пясъчник

sorrera

люлка

gronxador

играчка

joguines

игрова конзола

consola de jocs de vídeo

велосипед с три колелета

tricicle

плюшено мече

osset de peluix

гардероб

armari

облекло

roba

къси чорапи

mitjons

дълги чорапи

mitges

чорапогащник

mitja pantaló

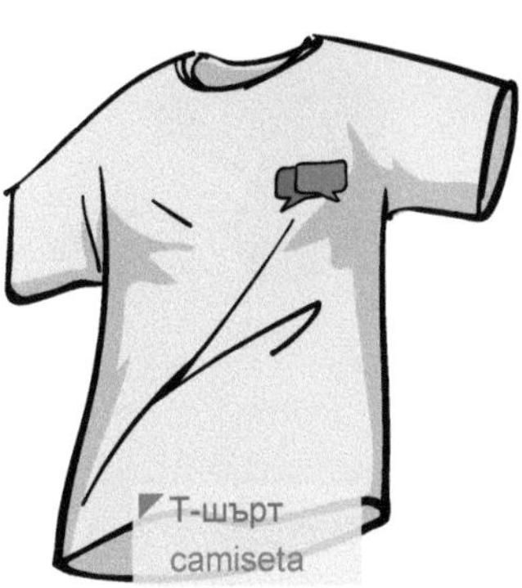

шал
tapacoll

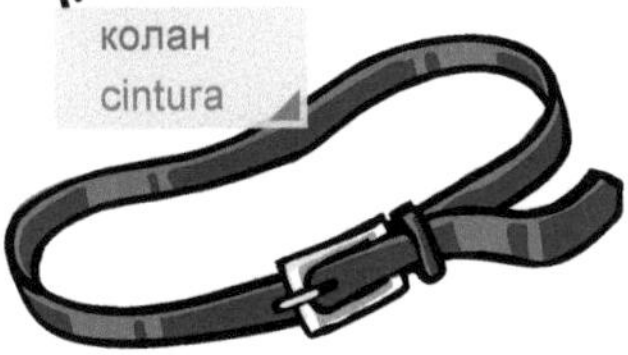

чадър
paraigua

колан
cintura

Т-шърт
camiseta

ботуши
botes

пантофи
plantofes

гуменки
sabates d'esport

сандали
....
sandàlies

обувки
....
sabates

гумени ботуши
....
botes de goma

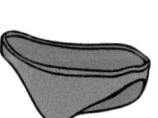

слип
....
calçonets

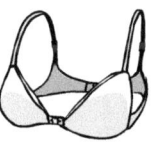

сутиен
....
sostenidor

долна блуза
....
guardapits

боди

jjustacòs

панталон

pantalons

дънки

jeans

пола

faldeta

блуза

brusa

риза

camisa

пуловер

jersei

суичър

dessuadora

блейзър

blazer

яке

jaqueta

палто

mantell

дъждобран

impermeable

костюм

vestit de dona

рокля

vestit de dona

булчинска рокля

vestit de núvia

костюм

vestit d'home

нощница

camisa de dormir

пижама

pijama

сари

sari

кърпа за глава

mocador de cap

тюрбан

turbant

бурка

burca

кафтан

caftan

абая

abaia

бански костюм

vestit de bany

плувни шорти

calçon(et)s de bany

къс панталон

pantalons curts

анцуг

xandall

престилка

davantal

ръкавици

guants

копче

botó

очила

ulleres

гривна

braçalet

верижка

collaret

пръстен

anell

обеца

orellera

каскет

casquet

закачалка

penjador

шапка

capell

вратовръзка

corbata

цип

cremallera

каска

casc

тиранти

elàstics

ученическа униформа

uniforme escolar

униформа

uniforme

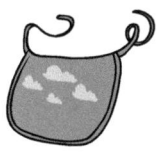

лигавник

pitet

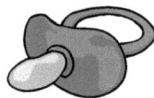

биберон

xumet

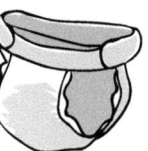

пелена

bolquer

офис
oficina

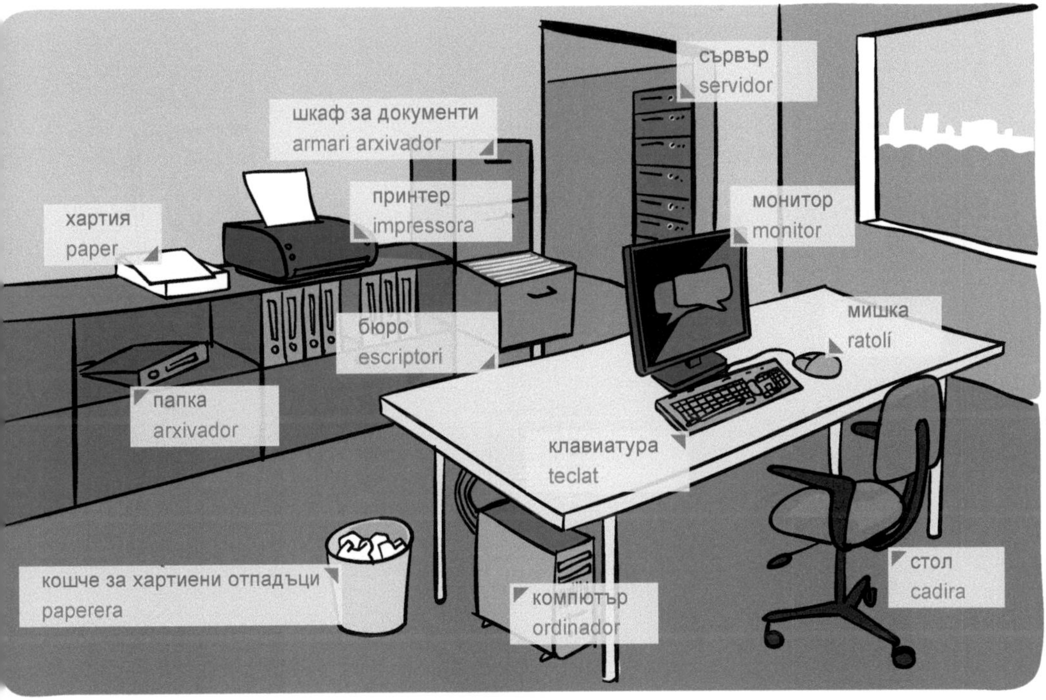

сървър
servidor
шкаф за документи
armari arxivador
принтер
impressora
хартия
paper
монитор
monitor
бюро
escriptori
мишка
ratolí
папка
arxivador
клавиатура
teclat
кошче за хартиени отпадъци
paperera
компютър
ordinador
стол
cadira

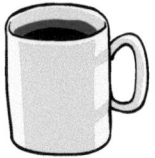

чаша за кафе

tassa de cafè

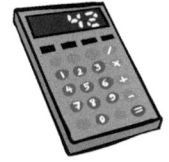

джобен калкулатор

calculadora

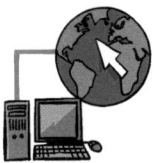

интернет

Internet

лаптоп

ordinador portàtil

писмо

lletra

съобщение

missatge

мобилен телефон

mòbil

мрежа

xarxa

ксерокс

fotocopiadora

софтуер

programari

телефон

telèfon

контакт

presa de corrent

факс

fax

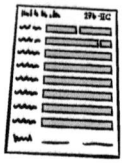

формуляр

formulari

документ

document

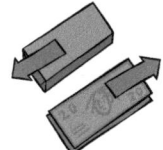

купувам

comprar

плащам

pagar

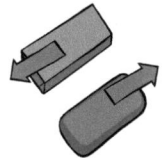

търгувам

comerciar

пари

diners

долар

dòlar

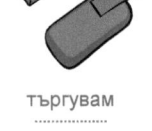

евро

euro

йена

ien

рубла

ruble

швейцарски франк

franc suís

ренминби юан

renminbi

рупия

rupia

банкомат

caixa automàtica

обменно бюро

oficina de canvi

злато

or

сребро

argent

нефт

petroli

енергия

energia

цена

preu

договор

contracte

данък

impost

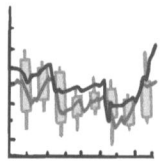

акция

acció

работя

treballar

служител

treballador

работодател

empresari

фабрика

fàbrica

магазин за цветя

botiga

професии
oficis

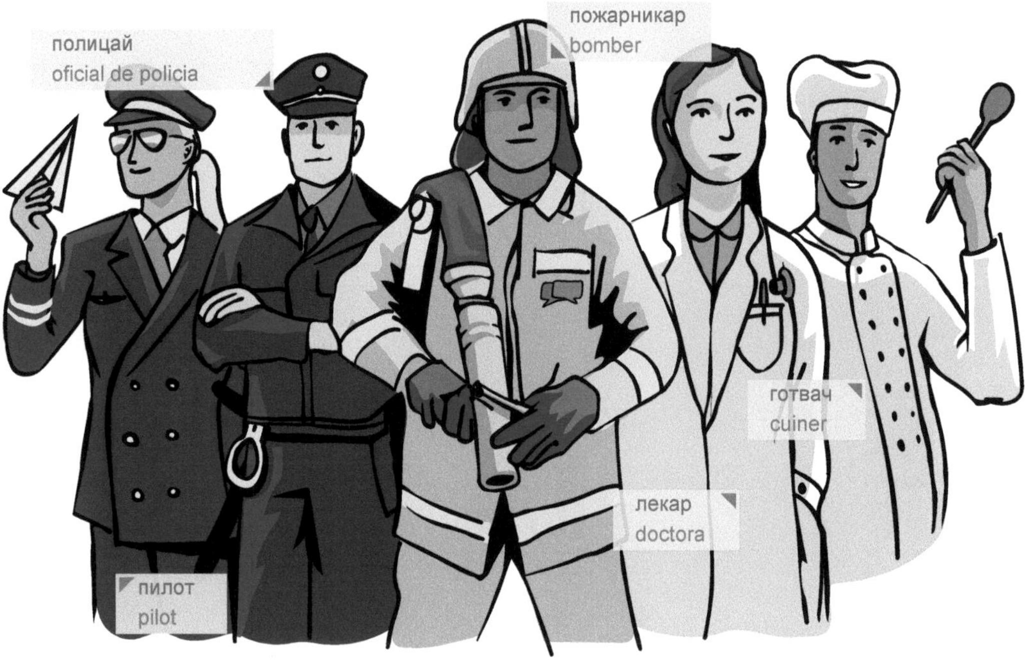

полицай
oficial de policia
пожарникар
bomber
готвач
cuiner
лекар
doctora
пилот
pilot

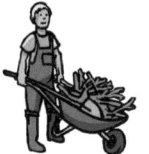

градинар

jardiner

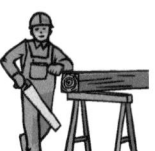

мебелист

fuster

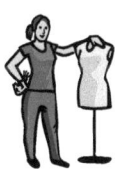

шивачка

costurera

съдия

jutge

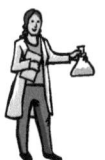

химик

química

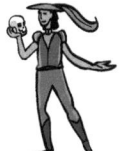

артист

actor

шофьор на автобус

conductor d'autobús

шофьор на такси

taxista

рибар

pescador

чистачка

dona de la neteja

майстор на покриви

ensostrador

келнер

cambrer

ловец

caçador

художник

pintor

хлебар

forner

електротехник

electricista

строителен работник

obrer de la construcció

инженер

enginyer

касапин

carnisser

тенекеджия

llanterner

пощальон

correu

войник

soldat

архитект

arquitecte

касиер

caixera

цветар

florista

фризьор

perruquer

кондуктор

revisor

механик

mecànic

капитан

capità

зъболекар

dentista

научен работник

científic

равин

rabí

имàм

imam

монах

monjo

свещеник

capellà

инструменти

eines

чук
martell
клещи
tenalles
отвертка
descaragolador
гаечен ключ
clau anglesa
джобна лампа
llanterna

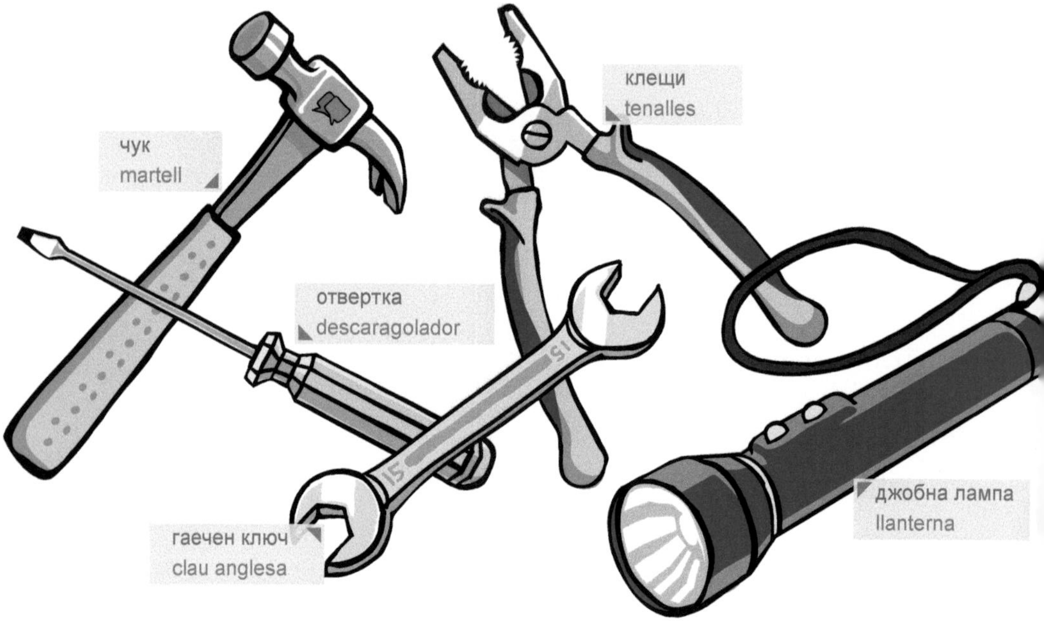

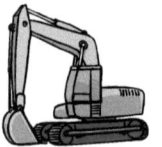

багер

excavadora

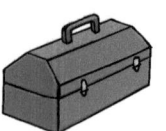

кутия за инструменти

caixa d'eines

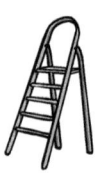

стълба

escala

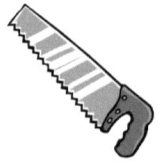

трион

serra

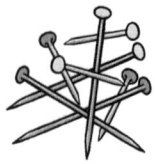

пирони

claus

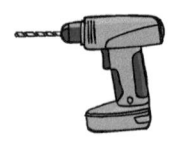

бормашина

trepant

ремонтирам

reparar

лопата

pala

По дяволите!

Maleït siga!

лопатка за смет

pala

кутия за боя

pot de pintura

болтове

caragols

музикални инструменти
instrument de música

висикоговорител
altaveu

ударни инструменти
bateria

китара
guitarra

контрабас
contrabaix

тромпет
trompeta

пиано

piano

виолина

violí

контрабас

baix

тимпан

timbal

барабан

tambor

електрическо пиано

teclat

саксофон

saxofon

флейта

flauta

микрофон

micròfon

зоологическа градина

zoo

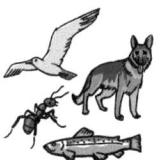

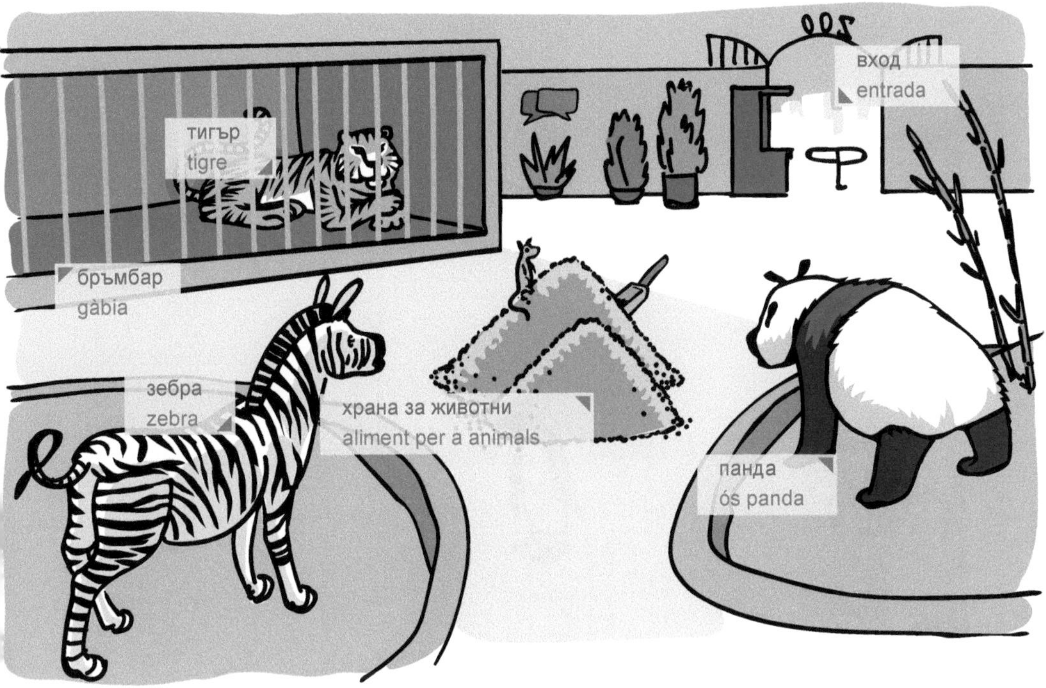

вход
entrada
тигър
tigre
бръмбар
gàbia
зебра
zebra
храна за животни
aliment per a animals
панда
ós panda

животни

animals

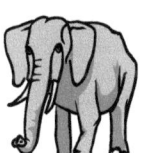

слон

elefant

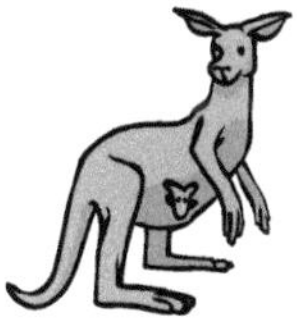

кенгуру

cangurú

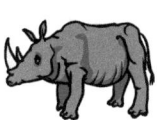

носорог

rinoceront

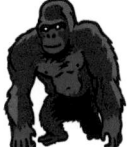

горила

goril·la

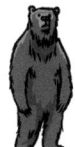

мечка

ós

камила

camell

щраус

estruç

лъв

lleó

маймуна

simi

фламинго

flamenc

папагал

papagai

бяла мечка

ós polar

пингвин

pingüí

акула

ca mari

паун

paó

змия

serp

крокодил

cocodril

пазач в зоологическа
градина

guardià del zoo

тюлен

foca

ягуар

jaguar

пони

poni

леопард

lleopard

хипопотам

hipopòtam

жираф

girafa

орел

àliga

диво прасе

senglar

риба

peix

костенурка

tortuga

морж

morsa

лисица

guineu

газела

gasela

американски футбол
futbol americà

колоездене
ciclisme

тенис
tenis

баскетбол
bàsquet

плуване
natació

бокс
boxa

хокей на лед
hoquei sobre gel

футбол

futbol americà

бадминтон

bàdminton

лека атлетика

atletisme

хандбал

handbol

ски бягане

esquí

поло

polo

смея се
riure

скачам
saltar

прегръщам
abraçar

върея
anar

пея
cantar

съпувам
somiar

моля се
pregar

целувам
fer un petó

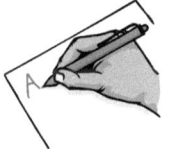

пиша

escriure

рисувам

dibuixar

показвам

mostrar

бутам

pitjar

давам

donar

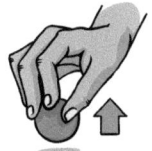

взимам

prendre

имам

tenir

правя

fer

съм

ésser

стоя

estar dret

тичам

córrer

дърпам

estirar

хвърлям

llançar

падам

caure

лежа

jeure

чакам

esperar

нося

portar

седя

asseure's

обличам

vestir-se

спя

dormir

събуждам се

despertar-se

разглеждам

mirar

плача

plorar

милвам

amoixar

реша се

pentinar

говоря

parlar

разбирам

comprendre

питам

demanar

слушам

escoltar

пия

beure

ям

menjar

разтребвам

endreçar

обичам

estimar

готвя

cuinar

карам автомобил

conduir

летя

volar

плавам (с платна)

navegar

смятане

calcular

чета

llegir

уча

aprendre

работя

treballar

женя се

casar-se

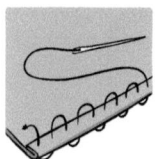

шия

cosir

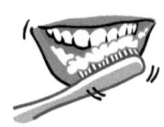

измивам си зъбите

raspallar-se les dents

убивам

matar

пуша

fumar

изпращам

enviar

семейство
família

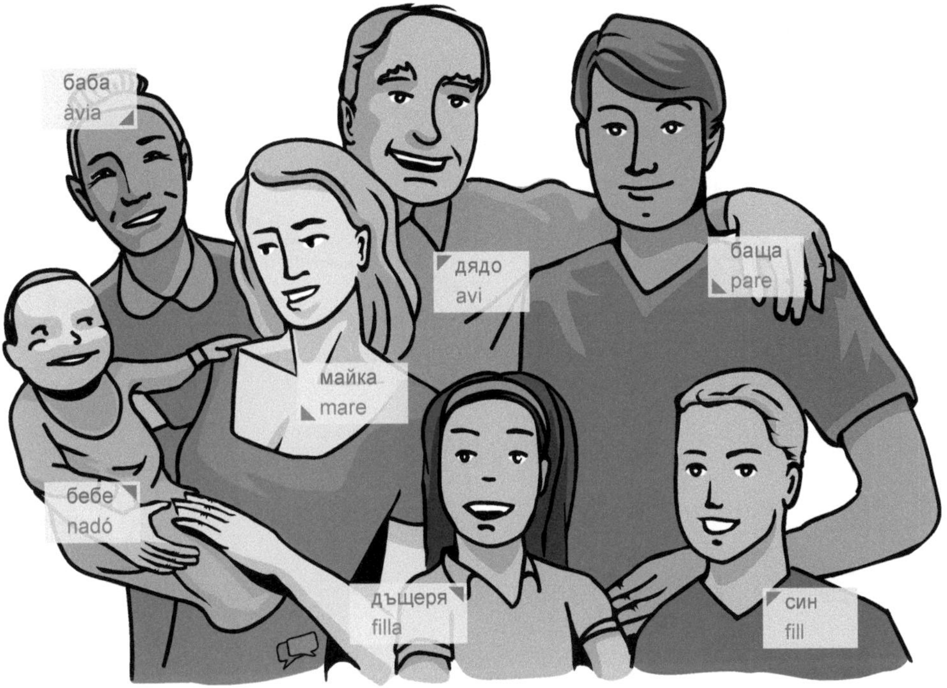
баба
àvia
дядо
avi
баща
pare
майка
mare
бебе
nadó
дъщеря
filla
син
fill

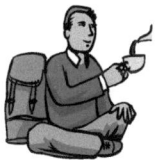

посетител

convidat

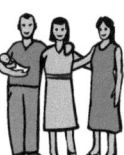

леля

tia

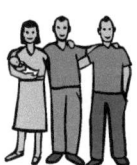

чичо

oncle

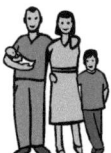

брат

germà

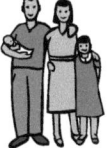

сестра

germana

тяло

cos

чело
front
око
ull
рамо
espatlla
пръст
dit
лице
cara
брадичка
barbeta
ръка
mà
крак
cama
гърди
pit
ръка
braç

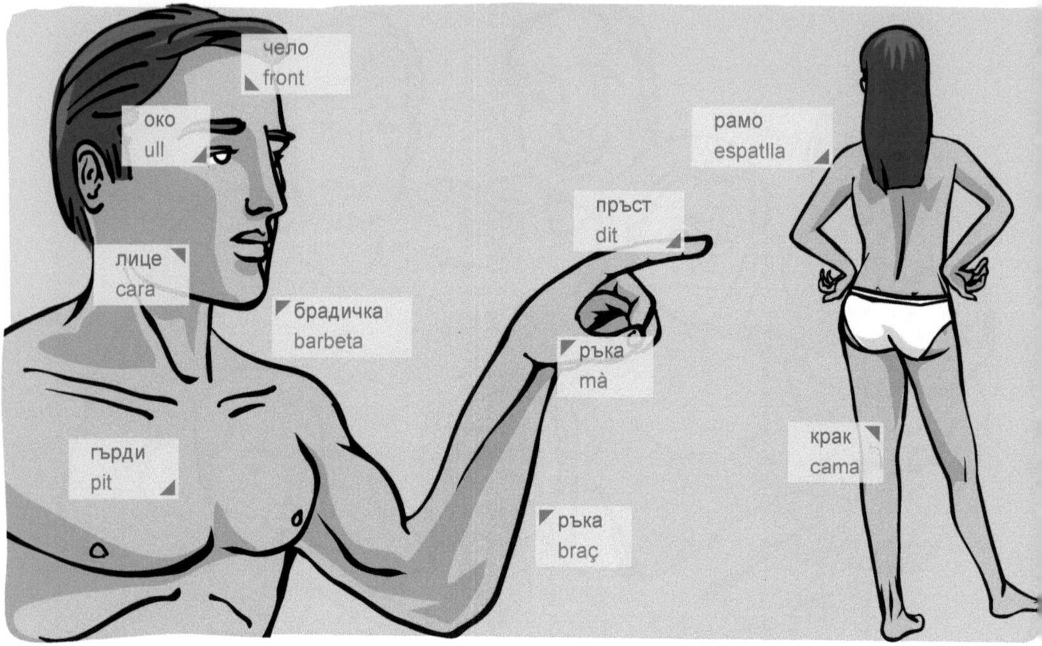

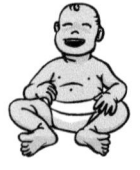

бебе
nadó

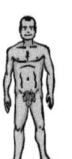

мъж
home

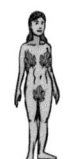

жена
dona

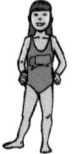

момиче
noia

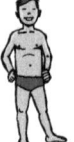

момче
noi

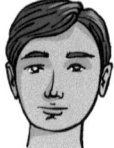

глава
cap

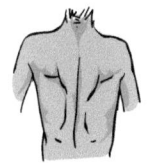

гръб

esquena

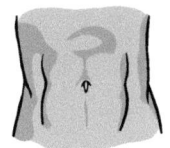

корем

panxa

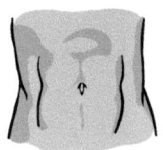

пъп

melic

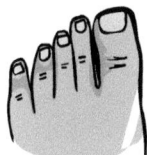

пръст на крака

dit gros del peu

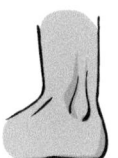

пета

taló

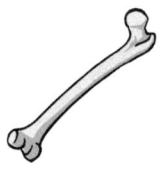

кост

os

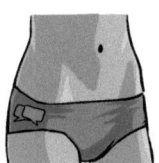

хълбок

maluc

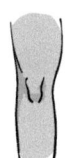

коляно

genoll

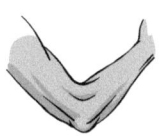

лакът

colze

нос

nas

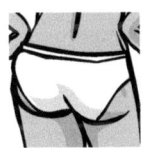

седалище

cul

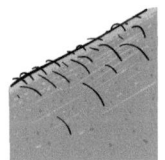

кожа

pell

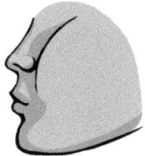

буза

galta

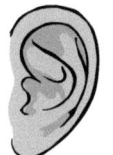

ухо

orella

устна

llavi

ТЯЛО - COS

уста

boca

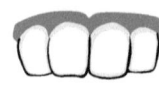

зъб

dent

език

llengua

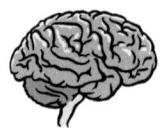

мозък

cervell

сърце

cor

мускул

múscul

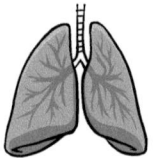

бял дроб

pulmó

черен дроб

fetge

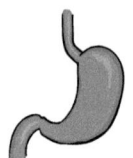

стомах

estómac

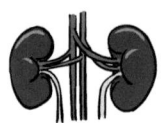

бъбреци

ronyó

полово сношение

relació sexual

кондом

preservatiu

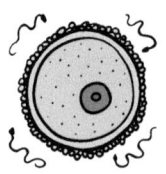

яйцеклетка

ovari

сперма

semen

бременност

prenyat

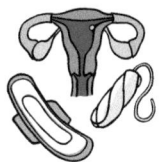

менструация
....
menstruació

вагина
....
vagina

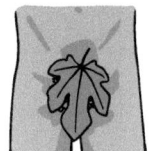

пенис
....
penis

вежда
....
cella

коса
....
cabells

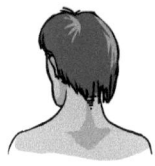

шия
....
coll

болница
hospital

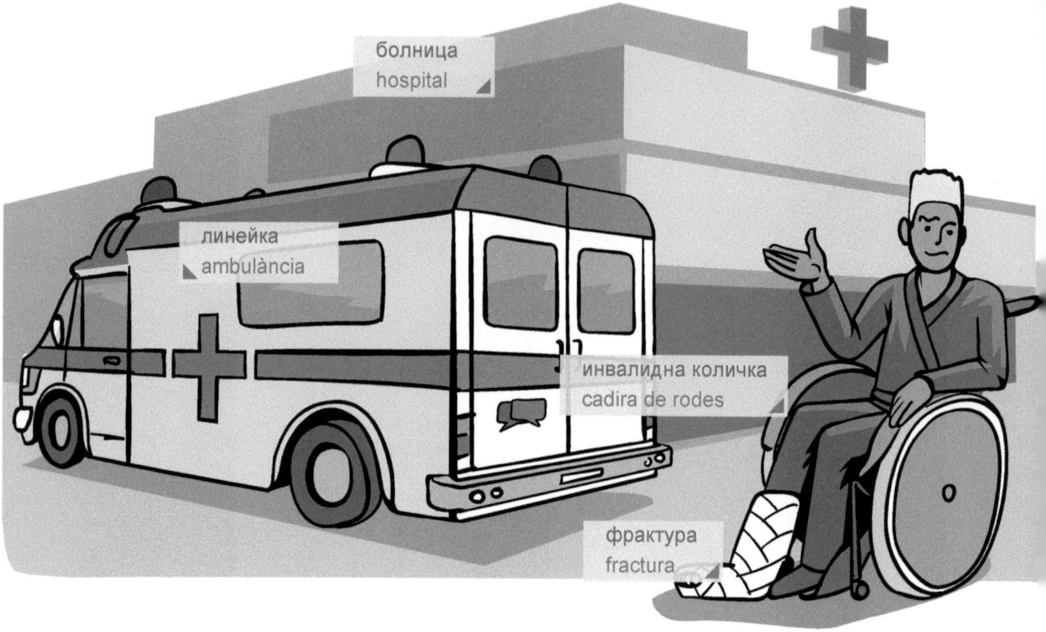

болница
hospital
линейка
ambulància
инвалидна количка
cadira de rodes
фрактура
fractura

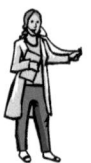

лекар

doctora

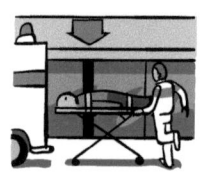

спешна хоспитализация

sala d'urgències

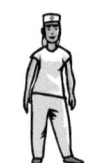

медицинска сестра

infermera

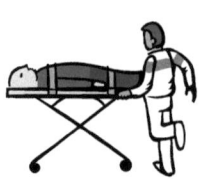

спешен случай

urgència

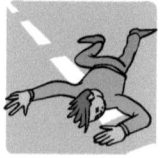

в безсъзнание

inconscient

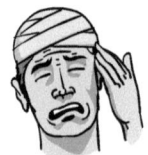

болка

dolor

нараняване

ferida

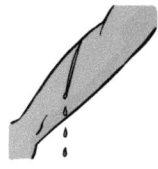

кървене

sagnament

инфаркт

atac de cor

инсулт

apoplexia

алергия

al·lèrgia

кашлица

tos

температура

febre

грип

gripa

диария

diarrea

главоболие

mal de cap

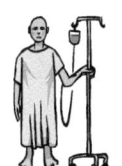

рак

càncer

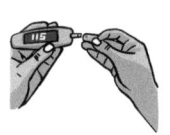

диабет

diabetis

хирург

cirurgià

скалпел

escalpel

операция

operació

компютърна томография

tomografia computada (TC),
TAC

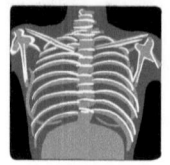

рентген

raigs x

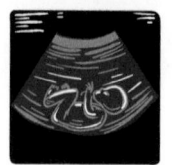

ултразвук

ultrasò

маска

mascareta

болест

malaltia

чакалня

sala d'espera

патерица

crossa

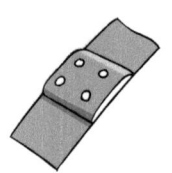

пластир

tireta

превръзка

embenat

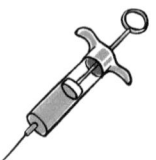

инжекция

injecció

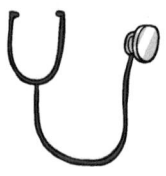

стетоскоп

estetoscopi

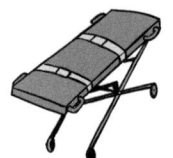

носилка

llitera

термометър

termòmetre clínic

раждане

pariment

наднормено тегло

sobrepès

слухов апарат

aparell auditiu

дезинфекционно средство

desinfectant

инфекция

infecció

вирус

virus

HIV / AIDS

VIH / SIDA

медицина

medicina

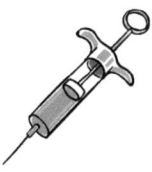

ваксинация

vacci

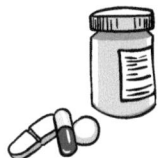

таблети

comprimits

противозачатъчна
таблетка
píl·lola

спешно телефонно
обаждане
trucada d'urgència

апарат за измерване на
кръвното налягане

tensiòmetre

болен / здрав

malalt / sà

Помощ!

Socors!

сигнал за тревога

alarma

нападение

assalt

атака

atac

опасност

perill

аварийен изход

sortida-eixida d'urgència

Пожар!

Foc!

пожарогасител

extintor

злополука

accident

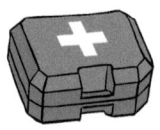

комплект за оказване на
първа помощ

farmaciola de primers
auxilis

SOS

SOS

полиция

policia

Европа

Europa

Северна Америка

Amèrica del Nord

Южна Америка

Amèrica del Sud

Африка

Àfrica

Азия

Àsia

Австралия

Austràlia

Атлантически океан

Atlàntic

Тихи океан

Pacífic

Индийски океан

Oceà Índic

Южен ледовит океан

Oceà Antàrtic

Северен ледовит океан

Oceà Àrtic

Северен полюс

pol nord

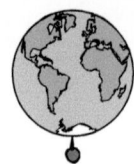

Южен полюс

pol sud

Антарктида

Antàrtida

Земя

terra

суша

país

море

mar

остров

illa

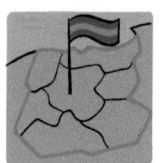

нация

nació

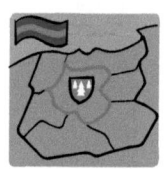

държава

estat

циферблат

quadrant

стрелка на часовете

agulla de les hores

стрелка на минутите

agulla dels minuts

стрелка на секундите

agulla dels segons

Колко е часът?

Quina hora és?

ден

dia

време

temps

сега

ara

дигитален часовник

rellotge digital

минута

minut

час

hora

понеделник dilluns	сряда dimecres	петък divendres
вторник dimarts	събота dissabte	
четвъртък dijous		неделя diumenge

вчера
ahir

днес
avui

утре
demà

сутрин
matí

обед
migdia

вечер
tarda

работни дни
dia feiner

уикенд
cap de setmana

година

any

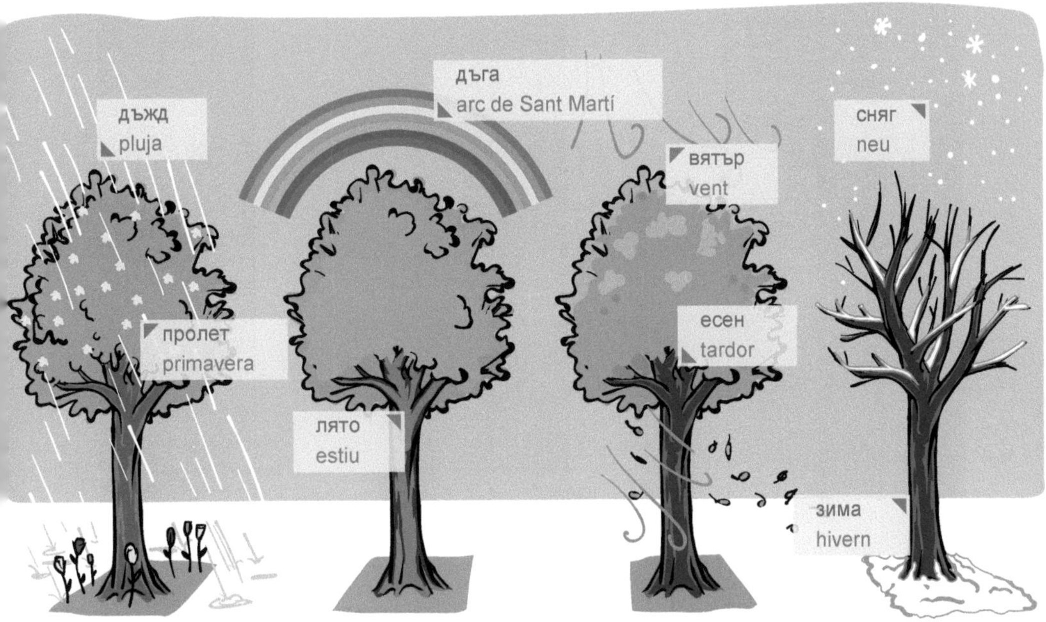

дъжд
pluja
дъга
arc de Sant Martí
сняг
neu
вятър
vent
пролет
primavera
есен
tardor
лято
estiu
зима
hivern

4.APRIL 11°
5.APRIL 4°
6.APRIL 13°
7.APRIL 8°
8.APRIL 10°

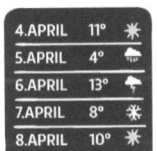

прогноза за времето

pronòstic del temps

F
C

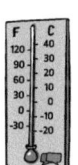

термометър

termòmetre

слънчева светлина

llum del sol

облак

núvol

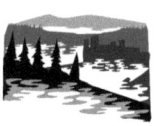

мъгла

boira

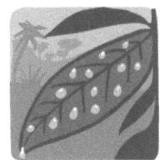

влажност на въздуха

humiditat de l'aire

светкавица

llamp

гръмотевица

tro

буря

tempesta

градушка

calamarsa

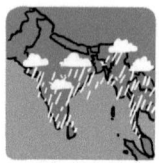

мусон

monsó

наводнение

inundació

лед

gel

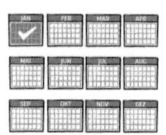

януари

gener

февруари

febrer

март

març

април

abril

май

maig

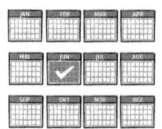

юни

juny

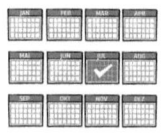

юли

juliol

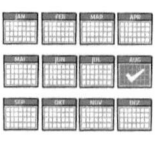

август

agost

година - any

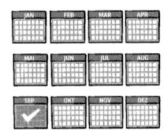

септември
....
setembre

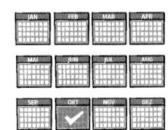

октомври
....
octubre

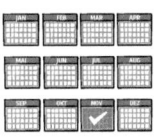

ноември
....
novembre

декември
....
desembre

форми
formes

кръг
....
cercle

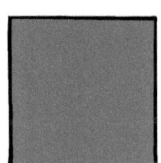

квадрат
....
quadrat

четириъгълник
....
rectangle

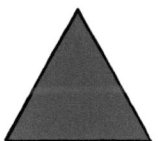

триъгълник
....
triangle

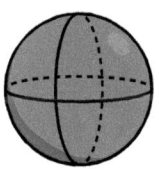

сфера
....
esfera

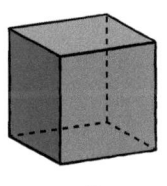

куб
....
cub

бял

blanc

жълт

groc

оранжев

taronja

розов

rosa

червен

vermell

лилав

lila

син

blau

зелен

verd

кафяв

marró

сив

gris

черен

negre

много / малко

molt / poc

ядосан / спокоен

emprenyat / tranquil

красив / грозен

bonic / lleig

начало / край

començament / fi

голям / малък

gran / petit

светъл / тъмен

clar / fosc

брат / сестра

germà / germana

чист / мръсен

net / brut

пълен / непълен

complet / incomplet

ден / нощ

dia / nit

мъртъв / жив

mort / viu

широк / тесен

ample / estret

ядлив / неядлив

comestible / immenjable

сърдит / любезен

dolent / amable

развълнуван / скучаещ

entusiasmat / entediat

дебел / тънък

gros / prim

най-напред / най-накрая

primer / darrer

приятел / враг

amic / enemic

пълен / празен

ple / buit

твърд / мек

dur / tou

тежък / лек

pesant / lleuger

глад / жажда

gana / set

болен / здрав

malalt / sà

нелегален / легален

il·legal / legal

интелигентен / глупав

intel·ligent / ximple

ляво / дясно

esquerra / dreta

близо / далече

prop / llunyà

нов / употребяван

nou / usat

нищо / нещо

res / quelcom

стар / млад

vell / jove

вкл. / изкл.

encès / apagat

отворен / затворен

obert / tancat

тих / силен (звук)

silenciós / sorollós

богат / беден

ric / pobre

правилен / погрешен

correcte / incorrecte

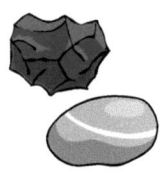

грапав / гладък

aspre / suau

тъжен / щастлив

trist / content

дълъг / къс

curt / llarg

бавен / бърз

lent / ràpid

мокър / сух

humit / sec - eixut

топъл / студен

calent / fred

война / мир

guerra / pau

противоположности - oposats

0

нула

zero

1

едно

u

2

две

dos

3

три

tres

4

четири

quatre

5

пет

cinc

6

шест

sis

7

седем

set

8

осем

vuit

9

девет

nou

10

десет

deu

11

единадесет

onze

12
дванадесет
dotze

13
тринадесет
tretze

14
четиринадесет
catorze

15
петнадесет
quinze

16
шестнадесет
setze

17
седемнадесет
disset

18
осемнадесет
divuit

19
деветнадесет
dinou

20
двадесет
vint

100
сто
cent

1.000
хиляда
mil

1.000.000
милион
milió

числа - nombres

английски

anglès

американски английски

anglès americà

китайски мандарин

xinès mandarí

хинди

hindi

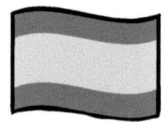

испански

espanyol

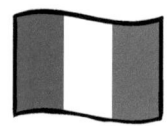

френски

francès

арабски

àrab

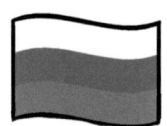

руски

rus

португалски

portuguès

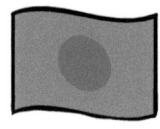

бенгалски

bengalí

немски

alemany

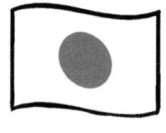

японски

japonès

аз
jo

ти
tu

той / тя / то
ell / ella / allò

ние
nosaltres

вие
vosaltres

те
ells

кой?
qui?

какво?
què?

как?
com?

къде?
on?

кога?
quan?

HELLO, I AM

име
nom

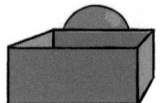

зад

darrere

в

en

пред

davant de

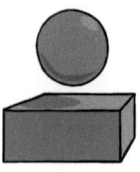

над

damunt

върху

sobre

под

sota

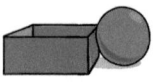

до

al costat

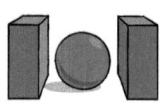

между

entre

място

lloc